MW00640312

Igor Stravinsky

SUITE

from

L'HISTOIRE DU SOLDAT

(The Soldier's Tale)

for Clarinet, Violin and Piano

(arranged by the composer)

1. Marche du Soldat
2. Le Violon du Soldat
3. Petit Concert
4. Tango-Valse-Rag
5. La Danse du Diable

CHESTER MUSIC

(a division of Music Sales Limited)
8/9 Frith Street, London W1V 5TZ

Suite
from l'Histoire du Soldat
for clarinet, violin and piano
(arranged by the composer)

I. Marche du Soldat

Igor Stravinsky
1918

Clarinet

Igor Stravinsky
SUITE
from
L'HISTOIRE DU SOLDAT
(The Soldier's Tale)

for Clarinet, Violin and Piano

(arranged by the composer)

1. Marche du Soldat
2. Le Violon du Soldat
3. Petit Concert
4. Tango-Valse-Rag
5. La Danse du Diable

CHESTER MUSIC

(a division of Music Sales Limited)
8/9 Frith Street, London W1V 5TZ

Dédiée à Monsieur Werner Reinhart

Suite
from l'Histoire du Soldat
for clarinet, violin and piano
(arranged by the composer)

I. Marche du Soldat

Clarinet
in A

Igor Stravinsky
1918

II. Le violon du Soldat
(Scène du Soldat au russeau)

Clarinet

III. Petit concert

Clarinet

5

IV. Tango-Valse-Rag

Clarinet

Clarinet

Clarinet

V. Danse du Diable

in B♭

Violin

Igor Stravinsky
SUITE

from

L'HISTOIRE DU SOLDAT

(The Soldier's Tale)

for Clarinet, Violin and Piano

(arranged by the composer)

1. Marche du Soldat
2. Le Violon du Soldat
3. Petit Concert
4. Tango-Valse-Rag
5. La Danse du Diable

CHESTER MUSIC

(a division of Music Sales Limited)
8/9 Frith Street, London W1V 5TZ

Suite
from l'Histoire du Soldat
for clarinet, violin and piano
(arranged by the composer)

Violin

I. Marche du Soldat

Igor Stravinsky
1918

Violin
II. Le violon du Soldat
(Scène du Soldat au russeau)

Violin

III. Petit concert

Violin

Violin

IV. Tango-Valse-Rag

Violin

Violin

V. Danse du Diable

II. Le violon du Soldat
(Scène du Soldat au ruisseau)

III. Petit concert

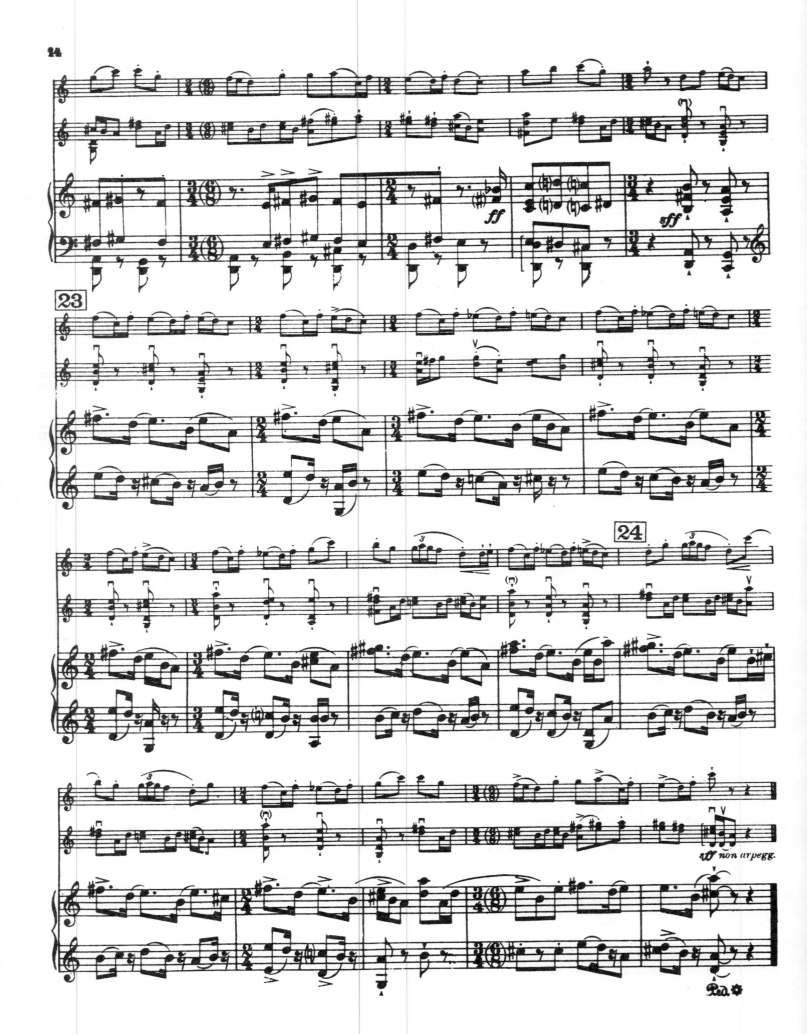

IV. Tango-Valse-Rag

19

Ragtime.

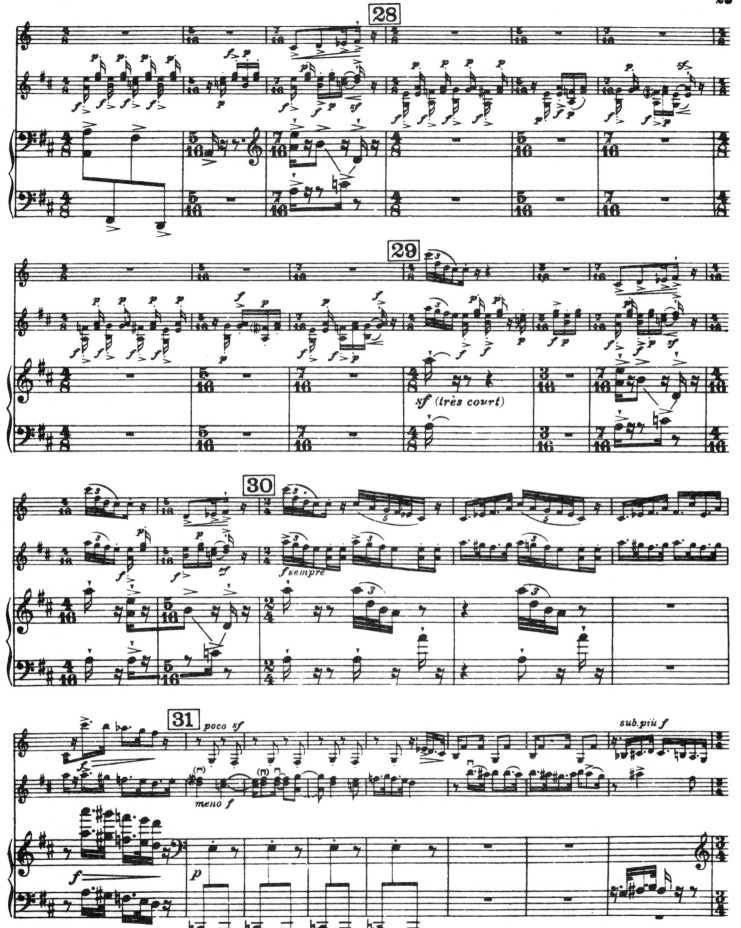

V. Danse du Diable

Printed and bound in Great Britain by Headway Press Ltd

10/00 (38639)